朱家溍的文博生涯

浙江省博物馆　编著

1941年辅仁大学国文系毕业的朱家溍先生

朱家溍先生在帽儿胡同 11 号家中

朱家溍的文博生涯

浙江省博物馆 编著

文物出版社

【目录】

〔前言〕

朱家溍先生（1914 年 8 月 11 日～2003 年 9 月 29 日），男，字季黄，浙江萧山人，故宫博物院研究员、国家文物局文物鉴定委员会委员、中央文史研究馆馆员、九三学社社员、著名的文物专家和历史学家。

朱家溍先生自幼受家学熏陶，酷爱祖国传统文化，精研文物及历史等。1941 年于北京辅仁大学国文系毕业后在后方粮食部参加工作。1943 年开始在重庆参加故宫博物院文物保管和研究等工作。1945 年抗日战争胜利后回到北平，历任故宫博物院科员、科长、编纂等职务，担任文物提集、整理、编目、陈列等工作。工作中，广泛研究中国古代书法名画和工艺品及古建筑、园林、明清历史、戏曲等。1950 年任故宫博物院副研究员兼任陈列组组长，负责各项大型文物陈列设计和布置，依据明清档案和历史文献等，逐步恢复太和殿、养心殿等部分重要宫殿内部陈设原状。1966 年后参加故宫藏书的鉴定和编选出版工作。1983 年任研究员。1992 年应国家文物局之邀参加全国各省、市、县博物馆和考古所等单位的文物鉴定专家组工作，确认全国各地呈报的一级文物。1988 年任中央文史研究馆馆员。1991 年被国务院评为享受第一批政府特殊津贴之有突出贡献的专家。

朱家溍先生先后主编了《两朝御览图书》、《明清帝后宝玺》等图书。由先生主编的《国宝》荣获法兰克福国际书展一流图书奖。他还参加了《故宫珍品全集》、《中国美术全集》、《中国美术分类全集》等的编写，发表数十篇重要学术论文。他的专著《故宫退食录》被评为1999年十大畅销书之一。

朱家溍先生兄弟四人于1953年、1976年、1994年先后将家藏的大批珍贵碑帖、明清家具等文物，无偿捐赠给故宫博物院、中国社会科学院、承德避暑山庄和浙江省博物馆等单位。

朱家溍先生学识渊博，涉及学科既广且深，多次解决院内外文物、历史等疑难问题，硕果累累，堪称大师。他为人谦和，生活俭朴，学而不厌，诲人不倦，对生活通达乐观，对后辈热情扶持，受到全院同仁和各界特别是广大青年文物爱好者的尊重和敬爱，他的高风亮节、杰出成就与重大贡献，热爱祖国、热爱文博事业、热爱故宫的爱国主义精神，严谨求实、一丝不苟、刻苦工作的高尚职业道德，不仅受到政府的表彰和社会的称颂，成为学习的楷模，而且将永远被人们怀念。

万卷琳琅　一船书画

朱家溍与故宫的三代之缘，并非始于朱家溍先生，而是源自他的父亲朱文钧先生。

朱文钧先生，字幼平，号翼盦，光绪八年（1882年）生于北京，卒于1937年。翼盦先生早年游学英伦，毕业于牛津大学。民国成立后，担任财政部参事、盐务署长。后脱离政界。

翼盦先生以相国世家，书画之余，酷爱金石，博学精鉴，名重一时，故宫博物院成立之初，即被聘为专门委员会委员，负责鉴定故宫所藏古代法书、绘画、碑帖及其他古器物，极为当世推重。先生逝世后，夫人张宪祗女士遵遗嘱命家济、家濂、家源、家溍分批将历代碑帖、古籍、书画、家具及其他文物捐诸各博物馆、研究所，供学人欣赏、使用。

第一批捐献，时为1954年。国家初定，朱氏后人就将欧斋所藏七百余种汉唐碑帖捐入故宫博物院。翼盦先生曾以重金购获《九成宫醴泉铭》北宋初拓未剜本，于是自号"欧斋"。这是今天所能见到的最早的欧阳询《九成宫醴泉铭》拓本。欧斋所藏的拓本中，许多都为初拓本，也不乏孤本，如北宋拓汉《鲁峻碑》、初拓汉《张迁碑》"务"字不损本、北宋拓《云麾将军碑》和《集王圣教序》、宋拓《崔敦礼碑》和《麻姑仙坛记》及明拓《石鼓文》等。这七百余种碑帖，是一部体系完整的书法史。启功先生有"近代石墨之藏，无或逾此完且美也"之评价。

1976年，朱氏昆仲又将两万余册历代古籍善本捐给中国社会科学院历史研究所图书馆。翼盦先生有室名题曰"六唐人斋"，即因收有宋本唐人文集六种：《李长吉文集》四卷、《张文昌文集》四卷、《许用晦文集》二卷拾遗二卷、《孙可之文集》十卷、《司空表圣文集》十卷、《郑守愚文集》三卷，皆为藏书中之冠冕。先生藏书致多善本，不乏孤本，尤重旧钞名校，被傅沅叔赞为："翼盦嗜藏古钞名校，具有神解。"袁励准先生也曾书一联"万卷琳琅昨日汲古阁，一船书画今之英光堂"以赠翼盦先生，以宋代米芾的英光堂和明代毛晋的汲古阁与之相提并论。

1976年，朱氏兄弟还将珍藏的数十余件珍贵文物捐给了承德避暑山庄，这些文物中尤以明清宫廷家具为重，包括黄花梨、紫檀、楠木等制作的大型多宝格、条案、几案、宝座及床等一级文物，其中乾隆紫檀叠落式六足画桌等三件为国内仅存。20世纪初，北京以收藏家具著称的有四大家，为满洲红豆馆主溥西园、定兴鞠斋郭世五、苍梧三秋阁关伯衡、萧山翼盦朱幼平，既富且精者，首推萧山朱氏。

1994年中秋佳节，中国最早建馆之一的浙江省博物馆新馆开放。这一天在书画馆展出了多件稀世珍品，有唐朱澄画《观瀑图》、北宋名家李成画《归牧图》、宋许道宁画《山水》、南宋画院四大家之一夏圭画《秋山萧寺图》及无款宋人画《邃堂幽静》。这些就是萧山朱氏向国家捐献的第四批珍贵文物。除上述数件外，尚有明清人书画多种及南宋王安道砚、明代潞王府制琴等器物。

此外，历年来萧山朱氏还向国家捐献了其他一些珍贵文物，如入藏承德避暑山庄的黄莘田十砚轩端砚、宣德炉，入藏故宫博物院的明代紫檀夹头榫大画案及入藏浙江省博物馆的柳如是写经砚和明代成国公旧藏紫檀四面平式雕螭纹画桌等。

收藏之旨，历代藏家各异，然而似翼盦先生者古今罕有。先生生逢乱世，民国早期市面上文物流散颇多，为了保护这些珍宝不使其流失外国，遂倾力搜罗，并与当时故宫博物院院长马衡先生约定，待社会安定之时，即化私为公，将所藏悉数献诸国家，以图永久保存。以第一次向国家捐献的七百零六种碑帖为例，朱家溍先生这样回忆他的父亲："马衡院长开始任故宫博物院院长时，我的父亲已经是故宫博物院专门委员会委员，负责鉴定书画碑帖。当时马衡院长曾向我父亲建议：'您所藏的碑帖，是一份系统完整，拓工最古的拓本，这是公认的。而故宫这方面的藏品是弱项。我想请一笔专款，由故宫收购这一份碑帖，十万元您看怎样？'我父亲回答：'十万银元，按说是不少，不过我还在继续研究碑帖，没有出售的打算。我想将来会捐赠给故宫的，也是这一份东西最好的归宿。'我父亲于1937年6月去世。到1953年我母亲把这件事提到议事日程上来，向我们兄弟四人说：'你父亲曾经有这个诺言，我看现在已经到时候了。就用你们弟兄四人的名义，办理捐赠手续吧。'我们四人当然都同意母亲的提议。于是写一封信给文物局，全部碑帖共七百余种无偿捐赠。文物局派业务秘书罗福颐、徐邦达来我家点收，最后由文化部长茅盾颁发奖状。文物局将七百零六种碑帖拨交故宫博物院。"

对于萧山朱氏保护中华瑰宝并无私捐诸国家的爱国行为，政府予以一系列表彰。《人民日报》、中央人民广播电台、美国《华侨日报》等国内外新闻机构都作了大量报道。社会舆论也赞誉不已，著名学者王世襄先生评论"朱氏是近代捐赠文物质量最高，数量最多的有数几家之一"。

书香门第　相国世家

回顾朱家溍先生一生的成就，不能不追溯其家世。

朱家溍先生的高祖朱凤标（1799～1873年），字建霞，号桐轩，浙江萧山朱家坛人（今属杭州市萧山区）。萧山朱氏源出婺源，避元季乱至萧山。以婺源世系论，宋代大儒朱熹为九世，至十五世朱寿开族于萧邑（萧山世系一世），朱凤标为二十九世（萧山世系十五世）。朱凤标出生在朱家坛，幼年家贫，但天资聪颖，勤奋好学。道光十二年（1832年）进士，一甲二名及第（又称"榜眼"）。历署工、刑、户、兵、吏五部尚书，充上书房总师傅、国史馆总裁、武英殿总裁，授体仁阁大学士，赏太子少保衔。逝后追赠太子太保衔，谥文端。经历道光、咸丰、同治三朝，时称"萧山相国"。

朱凤标立朝端正不阿，治事秉公无私。同治谕旨称其"老成端谨，学问优长"，"恪恭将事，克称厥职"。《清史稿》"大臣列传·朱凤标"条详其生平，但尚有漏缺。在第二次鸦片战争期间，朱凤标言人所不敢言，屡上章奏，坚持主战，抗击侵略，表现出强烈的爱国之心。并强调民众的力量、人民的心愿。能战始能议抚，称天津人民与夷人誓不两立，夷人畏民甚于畏兵，应军民并用。

故宫原存清代奏折中，有朱凤标奏请在退潮时向夷船开炮折。另外，《咸丰朝夷务始末》还记载了咸丰八年朱凤标所上的两件奏折，大意是：应乘英法船队全部闯入天津海河抵达北仓之际，开北运河及西河、卫河之闸，使海河涸，而致敌船于死地，只是昏庸的咸丰帝根本没有胆量采纳这样的意见。同书所载咸丰谕旨称朱凤标"尚未知天津抚局已定"，"似无须再加攻击"。

为纪念这位清代名臣，1997年和1999年萧山市人民政府先后将位于所前镇山里沈村的朱凤标墓和位于城厢镇城郊村的朱凤标故居列为萧山市重点文物保护单位。

朱其煊，字少桐，朱凤标之子，是朱家溍先生的曾祖父。卒于民国四年（1915年），终年七十八岁，曾任工部郎中、四川嘉定府知府、湖北荆襄兵备道、福建按察使。光绪三十四年（1908年）升任山东承宣布政使（别称藩司，尊称藩台，清朝掌一省之财政、民政）。

据宣统元年（1909年）正月初九日第四百四十九号《政治官报》第十二页载："山东巡抚袁树勋奏：布政使朱其煊，请捐津贴移办新政。山东财用近来竭蹶非常，新政多端因是未能悉举。臣莅任后，日与司道等谋划扩充，卒苦于经费难筹，进行不速。布政使朱其煊为前任太子太保大学士朱凤标之子，每言及此义形于色，其日夜规划思所以补救之者甚力，惜地方凋敝，物力维艰，开源节流两无善策，自恨毁家不足以报国，竭力不足以救时，至诚恻怛，迥异恒流。兹据朱其煊详称：现在本署极力搜求于整顿山东省各州税契项下除正款外，合平余季契尾契纸价钱各款零星成蛋岁约五万两银。此项虽向经历任长官厘定作为本官津贴，取之原不伤廉，唯其煊世受国恩，明知财政困难日形，何忍安之若素。自愿将前项银化私为公，移作正用。应请自宣统元年起，另款提存，听候拨充新政费用等情，详请具奏前来。臣查山东布政使，缺非素优，故为筹集津贴。朱其煊顾全大局，以俭自持，竟能举其所有全数充公，每岁多至银五万两，其洁己奉公之意，洵足风示群僚。已批饬从明年起将是项银五万两提存司库，专备推行新政之用。以后即移作正需，递年照办……"。从这一段记载可以说明他为官的品德，可见朱家以俭自持、化私为公的家风由来已久。

朱家溍先生的祖父朱有基在四川任内也颇有名声。朱有基（1857～1917年），字伯平，朱其煊长子。同治十二年朱有基奉旨："着赏举人，一体会试。"历官内阁中书、户部郎中、总理各国事务衙门章京、外务部司长、江西九江道兼关监督，宣统二年（1910年）升任四川川东兵备道（清代四川五分巡道之一，驻重庆府即今重庆市），任内颇有政声，在重庆浮图关一直存有清代川东所属府州县民为其所立的功德碑。朱有基主张改革维新，赞成君主立宪的政体，命长子文钧考官派留学，在英国牛津大学专攻经济，次子文录考入贵胄陆军学堂（光绪三十二年在北京始办的，旨在从上层子弟中培养初级军事人才的学校），三子文钶考入贵胄法政学堂（宣统元年在北京设立，以造就贵胄法政通才为宗旨的学校）。宣统三年革命党在成都成立临时政府时，朱有基顺应大势，主动交出川东地区政权，自行隐退。

朱家溍先生的母亲张宪祗女士，晚年自号韵蒲老人，是光绪年间学部侍郎张公邵予之女，幼习工笔花鸟，所作多佚于动乱之中，只有一部手写《陶渊明诗集》尚存。

朱家溍先生的夫人赵仲巽，原籍喀尔喀蒙古，姓鄂卓尔。她的祖父荣庆，是清代末年学部尚书、协办大学士兼军机大臣，父亲熙栋，母亲爱新觉罗氏。

家庭对于朱先生的影响，举一例以窥全貌，如先生回忆1943年初入故宫博物院工作时曾说："我从幼年对文物耳濡目染，到十几岁时就随着父亲每日接触金石书画。卷、轴、册怎样打开收起；铜、瓷、玉如何拿起放下，都和生活中其他事情一样熟悉。"

如入宝山　虚往实归

朱家溍先生后来"回忆趋庭之日"，是以"坐拥书城"来形容的。显赫家世、优越环境固然重要，但对人生而言，这不是决定性的。朱先生的学问，更多的是与他六十年故宫生涯有着直接的关系。

从1943年借入故宫博物院为书画展览担任临时工作，到1946年正式成为故宫工作人员。从此，先生"如入宝山，目不暇接"。至1979年退休又复职，先生尽管经历了抗战、内战，尤其是解放后到"文革"结束这段时期，又多次遭关押、批斗、下放。然而面对每一项分配给他的工作，无论熟悉的还是不熟悉的，先生从不拈轻怕重，而是每次均欣然接受，圆满完成。对于先生而言，这不仅仅是一种职业，也是爱好，故每次均仔细研究，反复推敲，直至精通，乐此不疲，且日后也必能著书立说。现以先生的著述为线索举例说明。

《故宫退食录》许多有关戏曲史料的文章，不仅源自他的个人爱好，更出于他作为历史工作者独到的见解。早在解放初期，为配合"全国戏曲工作者会议"而由故宫举办的"清代戏曲史料展览"，朱先生是展览的主要设计者，包括提取戏曲服饰、剧本、档案等一切与演出有关的物品展出，并在阅是楼畅音阁按照清代内廷演戏的实际要求布置起原状。展览的依据除相关档案以外，还专门访问了当年曾在畅音阁戏台上演过戏的王瑶卿等老演员，曾经被赏听戏的载涛等人，曾经在这里伺候过太后和皇帝听戏的耿进喜等太监。举办此类型的展览在故宫博物院还是第一次。

他还撰写发表《故宫所藏明清两代有关西藏的文物》。20世纪50年代，上级命故宫博物院提供清代政府接待班禅额尔德尼的一切资料，此事也由朱先生承担。当时因正值西藏地方发生叛乱，各帝国主义纷纷以支持西藏独立为名，企图实施分裂中国之实。因此，接待尚在年幼的班禅的是一个格外需要细致周密的工作。接待结束之后，朱先生即将相关内容撰成一文，发表在当年的《文物参考资料》（即今《文物》月刊），以详实的资料证明了西藏自古就是中国领土不可分割的一部分。此文刊出后，成为以后西藏问题研究的必读内容。

以档案见证历史，以文物见证历史，用文物为维护国家领土主权完整出具无可辩驳的历史证据。这在博物馆的历史上还是第一次。

2004 年朱先生遗著《明清室内陈设》出版。此书实在可以称作"厚积而薄发"的典范。1954 年，吴仲超院长将恢复故宫各殿室内陈设的重任交给了朱家溍先生。自 1956 年到 1959 年，朱先生先后对储秀宫、长春宫、翊坤宫、体元殿、太极殿、养心殿、太和殿、坤宁宫、同道堂等多处殿阁的室内陈设进行了研究，并进行了恢复布置工作。我们今天得以一睹清代宫廷内部生活的原貌，不能不归功于朱先生孜孜不倦的探求。

以养心殿为例，朱先生首先参考了 1924 年溥仪出宫时记录现场原状的《故宫物品点查报告》一书，以及故宫所保存的清代档案中内务府广储司所存各宫殿的陈设档。"养心殿虽然建造年代很早，顺治年间曾经是皇帝的寝宫，但是一切条件决定这里原状的上限应该是雍正年间。正殿明间墙上有雍正乾隆嘉庆道光咸丰五朝的御笔，屏风宝座御案和其它陈设品经与养心殿历年陈设档核对，说明正殿陈设状况自雍正至清代末年始终没有什么变动。养心殿西暖阁原状的上限也是始自雍正。三希堂、长春书屋这两处的原状上限是乾隆朝，与历年陈设档核对，完全符合。这两处可以满足吴院长提出的展示乾隆年的面貌的要求。东暖阁及后寝殿从历年陈设档可以看出是光绪初年有很大的变动。这两处的上限应该是光绪朝。东暖阁的室内装修是光绪初年完全拆除另造的。因此，这两处就根据光绪年的状况进行布置"。

朱先生和王世襄先生合编出版了《中国美术全集》之《竹木牙角器》分册和《漆器》分册。2003年他编撰的《养心殿造办处史料辑览》出版。这又是一类因工作变化而耐心学习后的硕果。

1959年吴仲超院长针对明清工艺美术品只有保管而无人进行研究，请朱先生到宫廷美术组从事定级、制档工作。为了进一步展开工艺美术的研究，朱先生听从单士魁先生建议，每日到明清档案部去翻阅养心殿造办处的有关档案。为布置展览寻找史料依据。在初步研究成果的基础上，朱先生布置了两个前所未有的陈列，一是按照《髹饰录》的系统，布置一个漆器陈列室，一是结合文献材料布置一个珐琅器陈列室。

1974年至1976年，在朱先生一生中仅有的三年多退休日子里，重新整理以前所编家藏古代法书名画器物目录稿、藏书目录稿、碑帖目录稿，即《介祉堂藏书画器物目录》（二卷），《六唐人斋藏书录》（八卷），《欧斋藏碑帖目录》（二卷）。由启功先生题签，并请琉璃厂书店魏广洲先生装订成书。此外，还开始编写《历代著录法书目》。这是一部大型工具书，共参考引用法书著录数百种，收录书家1665人的传世作品和记载。

1978年，国家文物局颁布一个古籍善本标准的文件，命全国各图书馆对于馆藏图书按新颁布标准选出本馆所藏善本图书。朱先生主持故宫图书馆这项工作，到1980年的上半年《故宫现存善本书目》完成，共著录故宫藏善本书2800种。1992年、1996年先生主编的《两朝御览图书》和《故宫藏珍本图书丛刊》出版。

主编《国宝》、《明清帝后宝玺》、《清代后妃首饰》。

朱先生一直通过日常主持和参加的展览工作熟知并精通各项专门知识。20世纪50年代朱先生主持清代纺织品展览工作。1959年故宫博物院在保和殿东西庑成立历代艺术馆，朱先生负责明清阶段内容。1964年到

1965 年之间，还曾为乾清宫两庑作了一个"清代历史文物陈列室"计划，陈列内容图像部分包括清代的帝后像、名臣像、南巡图、庆典图、战图，器物部分包括朝服、吉服、常服、兵器、火器、弓箭，书籍部分包括《古今图书集成》、《明史》、《数理精蕴》、《乐律全书》、《全唐诗》、《四库全书》等学术巨编的样本。这些展览为以后朱先生主编这些内容广泛的书籍打下了不容忽视的坚实基础。

　　许多人惊讶于先生的博学和专深之兼得，其实先生的这些经历对此已经作了最好的诠释。

博学专深　求真辨伪

　　正因为如此，所以王世襄先生说："1992 年，国家文物局为了确认全国各省市呈报的一级文物，特成立了一个专家组去各省市博物馆和考古所鉴定一级文物。这个组中有专看陶瓷的，专看青铜器的，专看玉器的，三类以外的文物则由朱家溍来看。自 1992 年从河南开始，每年春秋两季共约四个月的时间进行这项工作。当时除西藏以外，全国各地已经看完。"朱先生鉴定过目的文物品类之多之精，由此可见一斑。

　　这段经历是朱先生一直引以为傲的。1992 年国家文物局对全国各省、市、县博物馆，考古所呈报的一级文物，进行复查确认的工作。先生是鉴定组成员，除陶瓷器、青铜器、玉器三类外，无论是书画碑帖还是工艺美术品类的各种器物都由他负责看。从 1992 年开始到 1997 年，共到过河南、河北、辽宁、吉林、黑龙江、内蒙古、湖北、湖南、江苏、安徽、浙江、福建、江西、广东、海南、广西、贵州、云南、四川、陕西、甘肃、新疆、宁夏、青海、山西，经历二十五省。到先生辞世时，除西藏地区外，已全部鉴定完毕。

在那六年中，朱先生说，"每年春秋两季大约需要在外地工作四个月，每一省除省博物馆、考古所以外，还需要到若干市县。例如河南省有郑州、安阳、许昌、偃师、平顶山、信阳、漯河、开封、汤阴、南阳等地。每省差不多都是十处八处的。每到一处，仍按原单位工作时间一样，每日八小时。但也常有例外。譬如在某市进行鉴定工作时，附近某几个县的文物保管所，把一级文物送上门来鉴定确认，往往到达我们驻地时已经超过下午五点钟，如果打官腔，就可以明天再看。但我们都知道，一般县文保经费少得很，运文物需要租汽车，雇保安人员，费用已经不少，如果再耽搁一天还要多出许多开销。所以我们常常多坚持一会儿，确认完毕可以让他们连夜赶回去"。

工作过程中，先生的认真和谦逊是有目共睹的。例如，他经常说人要活到老学到老，不仅说说而已，他在去各地博物馆时常常会向二三十岁的工作人员请教文物知识，尤其是南方地区的早期文物，而且他往往会以"我不懂"开口。对于"鉴定"，先生有自己的认识，他说应该改为"鉴订"。理由是，文物鉴别是一个科学论证的过程，每当有新材料出现，都会或多或少的修正甚至推翻原有的论断，订正原来不够确切不够完备的地方，"鉴订"贴切的反映了这个过程。而"鉴定"带有更多的到此为止的含义，使人感到不能准确的表达鉴别的过程，不够科学。

从七十九岁到八十四岁，朱先生以如此高龄和负责的态度为国家承担着繁重的工作。同时，朱先生对于其他有利于文物事业，或是为后学传授知识的的事情，总是欣然应允，如利用出差空隙在浙江省博物馆举办文物讲座。即便是在下放和五七干校期间，也为当地文物部门做过相当长时间的授课。至今仍有人会说到自己是朱先生1958年在江苏的学生，1972年在湖北的学生，就是这个缘故。他还多次为家乡萧山博物馆鉴定过文物。

特别要提出的是，朱先生一生的著述，大部分完成于他生命的最后二十年，即退休又复职以后，七十至九十岁之间。是什么使得先生在如此高龄还这般勤勉呢？

涓滴之情　大爱之怀

《兰亭序》中有一句感慨"仰观宇宙之大，俯察品类之盛，所以游目骋怀"，是朱先生特别喜欢的。先生一生兴趣广泛，如书画、戏曲、摄影、体育，以戏曲而言，已经成为他生命的一部分。但对朱先生来讲，这仅仅是小爱。

朱先生在晚年曾经多次提到，他这一生中最高兴的日子，是抗战胜利的那天。

他用文字记录让我们分享了1945年8月15日那一天那一刻的幸福：

"那天，我正在牛德明兄（故宫古物馆的科员）家吃晚饭，牛太太烙饼的手艺特好，外焦里酥，吃起来口滑，不知不觉到吃完了才觉得撑的慌，喝过茶更涨的不得了。正在难受的时候，忽然听见外面由远而近人声鼎沸，鼓乐鞭炮齐鸣，德明的儿子牛晨从山下跑上来说：'日本鬼子投降了！'我还有点不相信，又听见隔壁收音机广播，这没错了！真是天大的喜事。我和牛德明就下山，在上清寺街上走着，只见人山人海，都在喊口号，唱《大刀进行曲》。我们两人也蹦起来喊着'胜利万岁！'刚才吃多了的感觉已经消失，心里反而发空，有些发抖，从来没有经受过这样使人激动的事，高兴，又有点想哭，我不知所措了。街上的人群一直在狂欢。这一天的太阳也好像落山格外晚，大概天人同感吧。"

五十年后朱先生的回忆还是那么令人激动，仿佛时光又回到了那一天一样。

当朱先生还是个中学生的时候，有一次他阅读到一份康熙亲征噶尔丹时期从漠北寄回北京的谕旨："朕将近到可鲁伦河，一路都是当日喀尔喀所居之地。水草亦好。至今犹有冰雪，寒冷非常，不生青草。地势山川与内地大不相同。出喀伦三十里，道旁山顶之上有永乐北征御制铭云，翰海为镡，天山为锷，一扫胡尘，永清沙漠。维永乐八年岁次庚寅四月丁酉朔十六日壬子 大明皇帝征讨胡寇将六军过此擒胡山灵济泉。字画真楷，石白如玉，乃山上生成之石，非人力所立也 。朕过此四月十四日特谕"。

朱先生的女儿这样怀念其父亲："无数次听父亲背诵过'翰海为镡，天山为锷，一扫胡尘，永清沙漠'这四句铭文，不仅感觉到一个十二岁少年所受到的震撼，同时也体会到影响了父亲一生的历史观正是由此而生的。能够凝聚人心的中华民族的精神，远远超越了皇帝本人的民族出身，超越了时间、阅历、文化的种种不同，像饱满的种子植入了一个又一个人的心中。"

我们还可以从先生做过的事、说过的话、唱过的戏、画过的画、拍过的照片、写过的文章中找出许多这样的感情表白。

朱先生更是一个有大爱者。

这就是问题的答案！

当故宫博物院成立之初，十二岁的朱家溍先生牵着父母、哥哥、姐姐的手第一次逛故宫的时候，他不曾想到，他的一生都将与故宫结缘。他还不曾料到，这同时也与中国的文物事业结下了不解之缘。为故宫服务了六十个春秋，"从他一串串丰硕的学术成果里，人们可以触摸到20世纪中国文物研究从无到有、曲折起伏的发展脉络……"

谨以此集纪念朱家溍先生。

【万卷琳琅 一船书画】

朱家溍先生的父亲朱文钧先生小像

朱文钧先生书联

朱文钧先生

朱文钧先生

朱家溍先生在浙江省博物馆朱氏捐献四面平式雕螭纹画桌前

浙江省博物馆新馆
落成日，朱先生作为
捐献者的代表发言

唐朱澄《观瀑图》

北宋李成《归牧图》

南宋许道宁《山水》

1994年，朱家溍先生兄弟三人将家中最后一批珍贵文物捐献浙江省博物馆。除此处四件之外，还有无款宋人画山水、明清人书画多种及南宋王安道砚、明代潞王府制琴等。

南宋夏圭《秋山萧寺图》

《张迁碑》明拓本"东里润色"不损。朱氏捐献给故宫的七百余种碑帖之一

《九成宫醴泉铭》北宋拓本。朱氏捐献给故宫的七百余种碑帖之一

旧宅中书房旧照
1976年，朱氏兄弟将家藏数万册善本古籍捐献给中国社会科学院历史研究所。

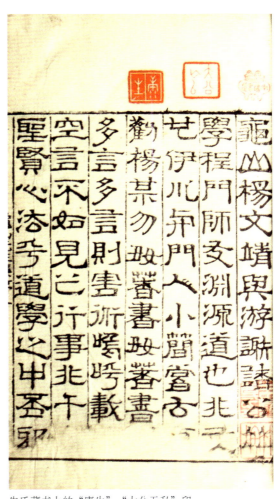

朱氏藏书上的"康生"、"大公无私"印

朱家溍先生说："在打倒'四人帮'之后，落实政策，发还曾经被康生掠夺的善本书都有这几方印，不能说这不是视觉上的厄运。"

旧宅中的家居陈设

这组照片中的许多珍贵文物，1949年
后朱家分四次全部捐献给了国家，做
到了真正的"大公无私"。

旧宅中的家居陈设

旧宅中的家居陈设

旧宅中的家居陈设

旧宅中的家居陈设

个人的书房。譬如有一座三至五间的北房，有廊檐。明间前檐有四隔扇、帘架、风门，东西次间坎墙支摘窗、糊纸、窗内上糊纱，下装玻璃。室内有碧纱橱和栏杆罩。墙和顶棚糊纸。地面上排列着书架，陈设几案、椅凳、文具，绝对不兼作卧室和餐厅使用。这样的标准，架上群书的纸墨香和楠木书箱、樟木夹板才会配合散发出幽香令人神怡。春秋佳日，窗明几净，从窗纱透进庭前花草的芬芳和室内书香汇合，花间的蜂喧，使人觉得生意盎然。夏日，庭前蝉声聒耳，浓荫蔽地，檐前垂着斑竹堂帘，室中则清凉无暑。这个季节室中楠木、樟木和老屋的黄松梁柱都散发浓郁的香味，使书香倍增。冬日阳光满屋，盆梅、水仙的清香配合书香经久不散。

旧宅中的家居陈设

旧宅中的家居陈设

【书香门第　相国世家】

朱家溍先生的
高祖朱凤标像

朱凤标夫人像

朱凤标遗像

此像原供在淳王府宝翰堂。醇亲王
请上书房各位师傅和曾在上书房
读书的兄弟子侄，每人题诗一首，
装裱成卷，后又刻版成书。以纪念
自己的老师。

浙江萧山朱家坛旧宅，二层上敞开
的窗内是朱凤标少年时苦读的地方

在萧山朱家坛朱凤标旧居前。门楣上有"为善最乐"四字。

萧山旧宅后门外小石桥

萧山旧宅宽厚的石材

萧山旧宅中不加油饰的门扇

往旧宅的路上见到本家

位于浙江萧山所前镇山里沈村的朱凤标墓

墓前原有圣旨碑及石像生，"文化大革命"中被毁。
后由浙江省博物馆和萧山文管会共同复原。

与朱先生合影的曹锦炎先生
时任浙江省博物馆的副馆长

在所前镇沈先生家中喝当年的春茶

在所前镇和文化站夏站长等人品尝家乡的杨梅

朱其煊在泰山的题字

宣统元年，朱先生的曾祖朱其煊代皇帝祭告泰山题崖。
这是最后一次帝王遣使告祀泰山。

朱先生的父母在窗前谈天

朱先生的父亲朱文钧先生

朱先生的母亲张宪祗女士

先侍郎飾終之典繪音首言

學閎優裕

先姚繪事論者咸謂南樸不浮

專美於前今拙著風行海外故更

門生共信家學末陸韻蕕女弟

此畫見者亦稱婉美遺蹟兄弟姊

妹五人今惟吾二人健在差章無忝前

修用識於此以示後嗣

辛丑初冬敔園時年八十

朱先生母亲所
画的蛱蝶图

朱先生的父亲和三叔

朱先生和三叔翻读家里的旧信

朱家济先生

朱家济先生

朱家济先生在书房

李广平、朱家溍、朱家源

赵仲巽女士

1985 年和夫人赵仲巽、三哥朱家源在故宫博物院建院六十周年庆祝酒会上

朱先生的夫人赵仲巽女士，原籍喀尔喀蒙古，姓鄂卓尔。祖荣庆，清代末年任学部尚书，协办大学士兼军机大臣，父熙栋，母爱新觉罗氏。

朱先生和孩子们

【如入宝山 虚往实归】

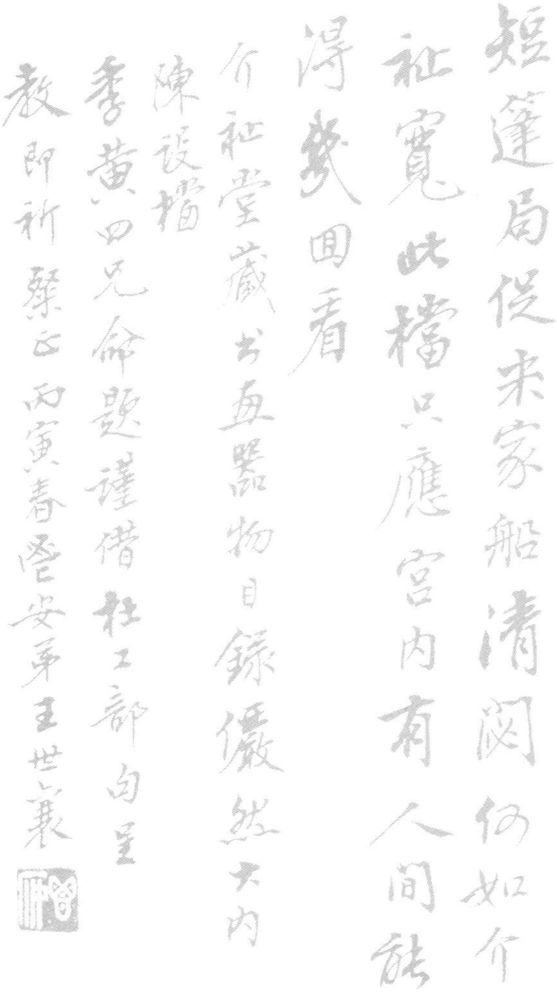
短篷局促来家船清閟何如介
祉宽此档只应宫内有人间能
得几回看
介祉堂藏书画器物目录俨然大内
陈设档
季黄四兄命题谨借杜工部句呈
教即祈鉴正丙寅春晋安弟王世襄

在古物馆旧址

故宫寿康宫后墙外三所之东所的北房，现在是故宫
科技部修复厂所在地，1949 年时是古物馆。朱先
生、王世襄先生当时都是古物馆的年轻人。

马衡先生像

墓碑在"文化大革命"中被毁。后
马先生子女请朱家溍先生重写碑
文以纪念他们的师生情谊。

八宝山马衡先生夫妇合葬墓

看到长长的台阶，朱先生兴奋得连声说，就是这儿，当年我跟王世襄布置展览，卸车上肩就从这里抬上去。

库房的台阶

全国文物一级品鉴定巡回途中，朱先生在重庆海棠溪一带寻访老住户，打听抗战时期的故宫库房所在地。

寻找故宫的库房旧址

庄尚严先生
最早应马衡先生之召，参加故宫
博物院工作的北大毕业生之一，
也是朱先生的大哥朱家济最要好
的同学和朋友。

庄尚严先生的儿子庄
灵到故宫看望朱先生

那志良与牛德明两位前辈，1935年随中国艺术品展览远行伦敦在展室中的合影。

他们都是朱家溍先生进入故宫工作之前视如父兄的好朋友，也是他进入故宫工作的好榜样。朱先生生前多次忆及1945年8月15日抗战胜利的一天"……德明的儿子牛晨从山下跑上来说日本鬼子投降了！真是天大的喜事。我和牛德明就下山，在上清寺街上走着，只见人山人海，都在喊口号，唱《大刀进行曲》。我们两人也蹦起来喊着胜利万岁！"

"老庄兄并不善作诗，他给我看日记本上前几年写的诗，非常朴素真实，我最喜爱的句子'苦忆黄沙大北风。'"

日记本上钤着一方印，印文是"老庄老运好"，语意双关，又含有他八年之中无休止的装箱、装车、运输、转移。他说："胜利了，这一回东西装运回到北平，收进延禧宫和北五所库房，不用再装再运了吧。"

那志良兄于1948年曾回北平一次，庄尚严兄却一直没能再尝到"黄沙大北风"的滋味。

引自《故宫退食录》

川陕公路

在干校与二哥朱家濂

在给水田平地,劳动强度非常大,当地俱由牛拉,干校出于改造人的特殊需要,而普遍使用人力。

嘉渔潘家湾码头。当地传说中火烧赤壁的地方,干校建设初期,外购砖瓦全由船走水路卸于此处。故宫九连常驻此地专营挑砖事。最初,不能找到走长跳板的劲头,朱先生曾经连人带砖掉进长江。

一家三口

朱先生的儿子到干校探亲，与父母在房前合影。

嘉庆七年养心殿陈设档

在博物馆学中，向来没有原状陈列一项。外国的同类博物馆，也没有提供可以借鉴的经验。作为兼具遗址性与艺术性的博物馆之一，故宫博物院能够开创原状陈列的有利条件是，既有原始的宫殿建筑，同时拥有大量关于宫殿陈设的原始档案。这是世界上其他遗址性博物馆所不具备的。作为遗址性博物馆，室内陈设是再现历史的最适当媒体，也是文物得以恢复原生状态的契机。这些档案曾经为朱家溍先生一手开创的原状陈列工作提供了可信可行的依据。

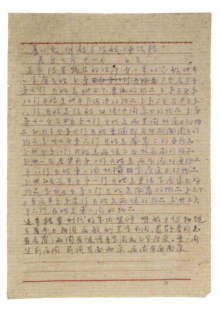

夹在陈设档中的稿纸

是朱先生的笔迹，内容是关于恢复故宫博物
院室内陈设的设想。

2005年，故宫博物院宫廷部王家鹏先生借阅
陈设档时发现。

朱先生主持恢复的养心殿原状陈列之一

太和殿宝座

1963年至1964年，在一年之内木活、雕活、铜活共用766个工日。到夏天，又由油工名手油漆后，粘金叶。全部竣工，各工种共用934个工日。

朱先生主持恢复的储秀宫原状陈列

坤宁宫原状陈列之一

坤宁宫原状陈列之二

在倦勤斋室内装修论证会上，朱先生与王世襄

朱先生与傅熹年、罗哲文

朱先生与王世襄、杨宪益

朱先生与杜仙洲

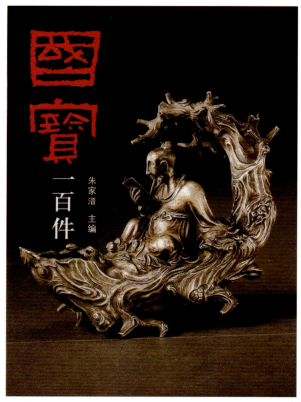

2006年的简体字版《国宝》

《国宝》，商务印书馆香港分公司，1983年出版。

曾获法兰克福国际书展一流图书奖。此书出版后，不但在大陆、港台地区畅销，还成为中国政府官员赠送外国元首的正式礼物，后英、法、日文版本也陆续出版。

在内地，简体字版《国宝》更是持续得到读者的热爱，屡次再版。

朱先生在广东从化

1983年为编辑《国宝》一书，在广东从化与商务印书馆编辑共同工作期间所摄。

徐邦达、许姬传、王世襄在《介祉堂所藏古书画器物目录》后所作跋语

武当山

在湖北干校期间，朱先生曾多次登临武当山，也多次拍摄武当山风光。

武当群峰

远望云山

武当山金顶的建筑全部是铜制

多次上武当山承蒙毛法师的照顾，为其留影以作纪念

【博学专深 求真辨伪】

在陕西榆林县城鼓楼参观

在浙江萧山博物馆工作

在浙江义乌博物馆

在陕西霍去病墓前

西湖的早晨

在杭州

1998年夏日赴山东曲阜工作事毕，游泰山

游泰山时与台立业、李英华合影

在全国文物定级工作中

在全国文物定级工作中

1985年接受上海文艺出版社蔡耕先生采访

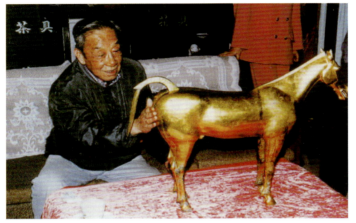

在全国文物定级工作中

2003年夏，与启功、徐邦达、傅熹年为《出师颂》做鉴定

《北京青年报》2001年2月21日曾以"镇得住故宫的国宝"
为题，刊登对朱先生的采访。

湖北文物讲习班结业后，在金顶合影

"五七"干校已经结束，湖北文物局再次邀请登武当山

在全国文物定级工作中给学生杨洁讲观察器物的方法

与香港著名古典家具收藏家伍嘉恩在研讨会上

1995年故宫七十周年院庆时，朱先生曾经建议在陈列、出版和学术研讨之外，设立学术论文奖金，用以鼓励中青年工作人员在学识上的成长。

在杭州浙江省博物馆举办文物知识讲座

在故宫为青年同事讲课

【涓滴之情　大爱之怀】

在家中习字

朱先生学画的老师溥儒

溥儒先生对朱先生说"画画其实无法说怎样教，你可以来看我画画，也只能这样。"

朱先生摹方士庶山水

摄影作品——故宫金水桥

摄影作品——故宫古槐

摄影作品——石钟山夕照

摄影作品——岸边

摄影作品——春日

摄影作品——小人和大瓶

摄影作品——牧羊

摄影作品——后海

摄影作品——冬日

摄影作品——昏鸦

摄影作品——庭院

摄影作品——庭院

摄影作品——祖母

旧宅的室内陈设

大学期间参加国剧社演出，前排左三是朱先生

朱先生的夫人也
有对戏剧的同好

朱先生祖母寿辰时曾在家中举办堂会

堂会中最重要的座位

在"五七"干校丹江分校演出《沙家浜》
朱先生扮演郭建光，文联的杜济昆扮演沙奶奶。

与石纪元先生

在开会时，偶遇国家博物馆石纪元先生，二
人曾分别扮演《红灯记》中的李玉和及磨刀
人。忆及同台演出的日子，分外高兴。

为庆祝昆曲列为人类口头和非物质文化遗产作"调寄喜迁莺"，邵怀民词，朱家溍书

与昆曲演员张卫东
先生在北京昆曲研
习社的同期中清唱

与李滨声先生

在春节征联评选工作中与吴小如先生讨论

台湾岛的西海岸

访问台湾时，在西海岸边留影。朱先生告诉每一个看照片的人，我背后就是祖国大陆。

朱先生临摹的《五牛图》

泰岱晴嵐

戊寅夏日遊泰山自
中天門步上玉皇頂俯
覽泉峯製此幀以記
勝景　朱泉滑

摄影作品——泰岱晴岚

在宝襄斋中

在怀柔休假时登长城

在家中

【后记】

　　朱家溍先生与浙江省博物馆有着非同寻常的渊源。

　　先生的家乡就在浙江萧山朱家坛。虽然先生家早在高祖朱凤标时已迁居北京，自己也出生于北京，但他一直都以浙江人自居，就连籍贯也从来填的都是浙江萧山。

　　先生的大哥朱家济先生，是杰出的书法家、著名的文物专家。解放后，朱家济先生来浙江省文物管理委员会工作。1962年浙江省文管会和浙江省博物馆合署办公，所以朱家济先生也是浙博人，是浙博的前辈同仁。1969年朱家济先生逝世后，朱家又将他从北京随身携带而来的明代成国公旧藏紫檀四面平式雕螭纹画桌、柳如是写经砚及大量书籍、笔记捐赠给浙江省博物馆。

　　先生系宋代大儒朱熹直系后裔，祖上因避元季乱至萧山。朱凤标是道光十二年进士，一甲二名及第。历署工、刑、户、兵、吏五部尚书，充上书房总师傅、国史馆总裁、武英殿总裁，授体仁阁大学士。经历道光、咸丰、同治三朝，时称"萧山相国"。第二次鸦片战争期间，朱凤标言人所不敢言，屡上章奏，坚持主战，抗击侵略，表现出强烈的爱国之心。为纪念这位清代名臣，萧山市人民政府先后将朱凤标墓和朱凤标故居公布为萧山市重点文物保护单位，浙江省博物馆也于20世纪90年代多次出资修葺其墓。

1994年中秋佳节，浙江省博物馆新馆开放。朱家溍先生代表朱家向浙江省博物馆捐献了多件稀世珍品：唐朱澄画《观瀑图》、北宋名家李成画《归牧图》、许道宁画《山水》、南宋画院四大家之一夏圭画《秋山萧寺图》及无款宋人画《邃堂幽静》。除上述数件外，尚有明清人书画多种及南宋王安道砚、明代潞王府制琴等器物。

我们不仅敬佩朱家化私为公的义举，也仰慕朱先生博大精深的学识以及高尚的做人风范。作为家乡的博物馆，能够为他出书，是我们的骄傲，更是我们的责任。

朱先生虽然已经离去，但是永远活在我们心中。

浙江省博物馆常务副馆长

陈　浩

2006年3月

朱家溍先生生平简表

1914年　生于北京东城西堂子胡同。

1923年　迁居帽儿胡同。

1935年　与赵仲巽结婚。其原籍喀尔喀蒙古，姓鄂卓尔。祖荣庆，清代末年任学部尚
　　　　书、协办大学士兼军机大臣，父熙栋，母爱新觉罗氏。

1937年　入辅仁大学国文系读书。

1941年　从辅仁大学毕业。

1942年　逃出沦陷的北平前往重庆，任职于后方粮食部储备司。

1943年　由粮食部借调到故宫，临时参加"中国艺术品展览"的工作。

1946年　回到北平，任故宫古物馆编纂。

1949年　因故宫博物院古物馆馆长徐森玉先生长期在上海，受马衡院长委任代理主持
　　　　馆务。

1949年　任副研究员。

1951年　故宫博物院停止工作，进入全院学习阶段，"三反"运动开始。

1952年　被隔离在东岳庙看守所。

1953年　奉母命将家藏汉唐碑帖七百余种捐献故宫博物院。

1954年　解除隔离。

1956年　接到故宫博物院人事处的通知，回到陈列部工作。

1958年　文化部及所属单位下放苏北，分别安排在宝应、高邮、兴化、六合四县。

1959年　又回到陈列部工作，负责历代艺术馆明清部分综合艺术品陈列的有关工作。

1963 年	母亲去世。
1964 年	在乾清宫两庑布置"清代历史文物陈列",尚未开放,"文化大革命"开始了。
1965 年	参加"四清",分配到陕西蓝田冯家村公社黑沟大队。同年回到故宫。
1969 年	下放到湖北咸宁"五七"干校。
1971 年	调到丹江"五七"干校。
1974 年	结束"干校"生活回到北京,并办理了退休手续。
1976 年	将家藏明代紫檀、黄花梨木器和清代乾隆年间大型紫檀木器数十件,以及明代宣德炉等多种古器物无偿捐献给承德避暑山庄。同年,将家藏善本古籍数万册全部无偿捐献给中国科学院历史研究所。
1978 年	重新回到故宫博物院工作。
1983 年	主编大型图录《国宝》,由香港商务印书馆出版,并成为中国政府官员赠送外国元首的珍贵礼品。
1992 年	应国家文物局之邀参加文物专家组,确认全国省、市、县博物馆和考古所呈报的一级文物,行程遍及二十五个省。
1993 年	夫人赵仲巽逝世。
1994 年	将唐朱澄《观瀑图》、宋李成《归牧图》、南宋夏圭《秋山萧寺图》等珍贵家藏捐献给浙江省博物馆。
1994 年	受国家文物局委派参加大陆文博界第一个代表团访问台北故宫博物院。
2003 年	9 月 29 日因病在北京逝世,享年八十九岁。

封面设计　郑志标

责任印制　李玉勇

责任编辑　丁　一

图书在版编目 (CIP) 数据

朱家溍的文博生涯 / 浙江省博物馆编著. —北京：

文物出版社，2006.3

ISBN 7-5010-1893-6

Ⅰ. 朱… Ⅱ. 浙… Ⅲ. 朱家溍—生平事迹

Ⅳ. K825.4

中国版本图书馆 CIP 数据核字 (2006) 第 018889 号

朱家溍的文博生涯

浙江省博物馆　编著

*

文物出版社出版发行

北京五四大街 29 号

http://www.wenwu.com

E-mail:web@wenwu.com

北京建宏印刷有限公司印刷

新　华　书　店　经　销

635 × 965　1/16　印张：9

2006 年 3 月第一版　　2006 年 3 月第一次印刷

ISBN 7-5010-1893-6/K・995　　定价：70.00 元